PEP HIGH FIVE

Pre-school Illustrated Chinese for Kids

LEVEL ONE BOOK 4

妈妈在哪儿? Where Is Mom?

Bai Lian Jennifer Sun Alex Shirran

图书在版编目（CIP）数据

妈妈在哪儿/白莲，（加）孙宏，（加）希拉（Shirran, A.）编．—北京：人民教育出版社，2008
（PEP High Five幼儿图画汉语．第1级．第4册）
ISBN 978－7－107－21278－9
I.妈… II.①孙…②希…③白… III.汉语－对外汉语教学－教材 IV.H195.4

中国版本图书馆CIP数据核字（2008）第173772号

人民教育出版社出版发行
网址：http:// www.pep.com.cn
北京盛通印刷股份有限公司印装　全国新华书店经销
2008年8月第1版　2013年1月第3次印刷
开本：890毫米×1 240毫米　1/20　印张：1.4 插页：1
定价：14.00元

如发现印、装质量问题，影响阅读，请与本社出版科联系调换。
（联系地址：北京市海淀区中关村南大街17号院1号楼　邮编：100081）

mā ma nǐ zài nǎ er

妈妈，你在哪儿？

Mom, where are you?

mā ma zài zhè er
妈妈在这儿！
Mom is here!

mā ma zài nǎ er

妈妈在哪儿？

Where is Mom?

mā ma zài zhè lǐ
妈妈在这里！
Mom is here!

mā ma nǐ zài nǎ er
妈妈，你在哪儿？

Mom, where are you?

mā ma nǐ zài nǎ er
妈妈，你在哪儿？
Mom, where are you?

wǒ shì bà ba
我是爸爸。
I'm your dad.
mā ma mā ma
妈妈，妈妈！Mom, mom!

mā ma zài nǎ er
妈妈在哪儿?
Where is Mom?

wǒ zài zhè er

我在这儿！

I am here!

mā ma nǐ zài nǎ er

妈妈，你在哪儿？

Mom, where are you?

mā ma zài zhè er
妈妈在这儿！
Mom is here!

Congratulations! You have successfully completed the PEP Pre-school Chinese.

Level One Book 4

mā ma zài nǎ er
妈妈在哪儿?

mā ma zài zhè er
妈妈在这儿!

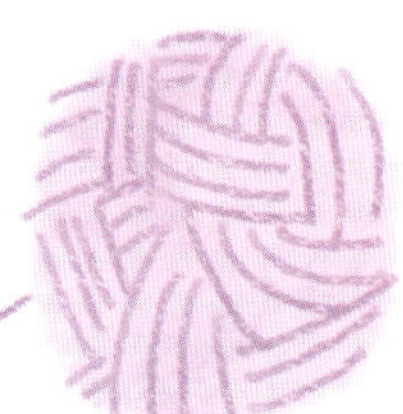

LET'S DO!

Read the Chinese sentences below. Then locate and circle the correct family members.

mā ma zài nǎ er
妈妈在哪儿？

bà ba zài nǎ er
爸爸在哪儿？

LET'S DO!

nǎi nai zài nǎ er
奶奶在哪儿?

yé ye zài nǎ er
爷爷在哪儿?

dòu dou zài nǎ er
豆豆在哪儿?

Circle the correct Chinese characters according to the pictures.

mā ma 妈妈　nǎi nai 奶奶　zài nǎ er 在哪儿？

bà ba 爸爸　yé ye 爷爷　zài nǎ er 在哪儿？

jiě jie 姐姐　gē ge 哥哥　zài nǎ er 在哪儿？

yé ye 爷爷　nǎi nai 奶奶　zài nǎ er 在哪儿？

LET'S DO!

Draw lines to connect the English with the correct Chinese sentences.

Where is Mom?

Where is Dad?

Where is the elder sister?

Where is the younger brother?

mā ma zài nǎ er
妈妈在哪儿?

nǎi nai zài nǎ er
奶奶在哪儿?

yé ye zài nǎ er
爷爷在哪儿?

bà ba zài nǎ er
爸爸在哪儿?

jiě jie zài nǎ er
姐姐在哪儿?

mèi mei zài nǎ er
妹妹在哪儿?

gē ge zài nǎ er
哥哥在哪儿?

dì di zài nǎ er
弟弟在哪儿?

LET'S DO!

Where is the elder brother?

bà ba zài nǎ er
爸爸在哪儿?

mā ma zài nǎ er
妈妈在哪儿?

nǎi nai zài nǎ er
奶奶在哪儿?

gē ge zài nǎ er
哥哥在哪儿?

Where is the younger sister?

gē ge zài nǎ er
哥哥在哪儿?

jiě jie zài nǎ er
姐姐在哪儿?

yé ye zài nǎ er
爷爷在哪儿?

mèi mei zài nǎ er
妹妹在哪儿?

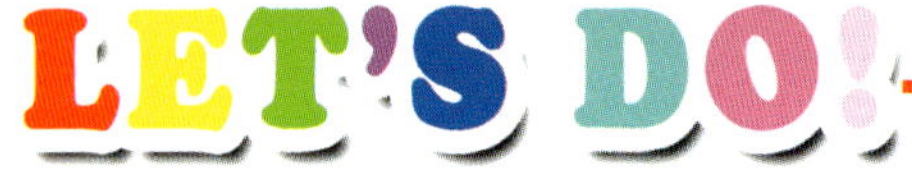

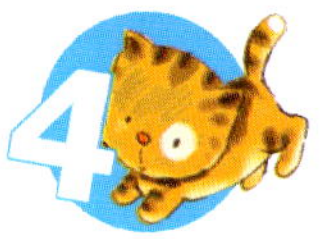

LET'S DO!

4 *Which path should Bean take? Please help Bean find his mom.*

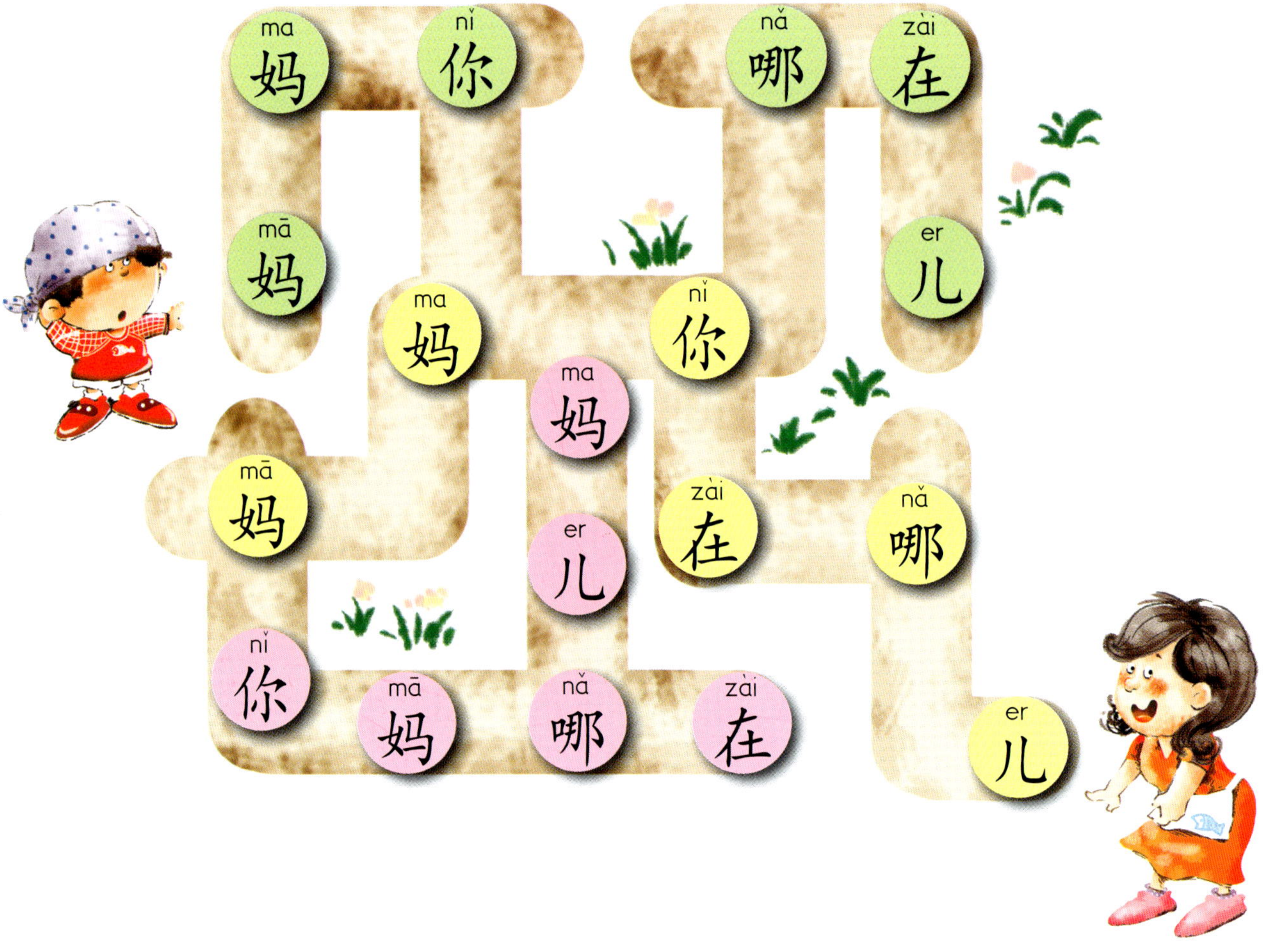
ma 妈
nǐ 你
nǎ 哪
zài 在
mā 妈
er 儿
ma 妈
nǐ 你
ma 妈
mā 妈
zài 在
nǎ 哪
er 儿
nǐ 你
mā 妈
nǎ 哪
zài 在
er 儿

Use the stickers to make a sentence for each train.

后记

《PEP High Five幼儿图画汉语》是人民教育出版社与中国、加拿大两国汉语和学前教育专家合作的结晶，根据“以结果为基础”的教育理念设计。这套汉英双语系列丛书供2岁～6岁以英语为母语的幼儿汉语学习者使用，也可供国内幼儿学习英语使用。

本丛书共四级，每级四册，主要特点是：

- 明确幼儿汉语学习者每级应该达到的阅读、行为和社会交往目标；
- 阅读材料具有很强的趣味性和参与性；
- 评估手段和学习活动的操作简单明了；
- 练习及活动互动有趣；
- 内容灵活，适合学习者根据自身的语言能力和进度进行学习；
- 插图精美，富有启发性，有助于促进学习者对内容的理解。

本丛书的作者是Jennifer Sun女士（加拿大）、Alex Shirran先生（加拿大）和白莲博士（中国）。责任编辑常志丹。审稿王世友、郑旺全。插图绘制金葆工作室。邢恩沐（Kevin）小朋友提供部分插图创意。

人民教育出版社汉语国际推广中心

2008年5月

POSTSCRIPT

The *PEP High Five Pre-school Illustrated Chinese for Kids* is a product created collaboratively by the People's Education Press (PEP), Chinese language experts, and pre-school educators in Canada and China. Being structured according to the Outcome-based Education (OBE) theory, it is a series of bilingual books that targets pre-school Chinese language learners aged 2 to 6 and whose native language is English. It may also be used by children in China who are learning English as a second language.

This series includes four levels and each level includes four books. It has many positive features that enhance learning. Some of these features are:

- Clearly stated reading, behavioral, and social objectives that students are expected to reach at each reading stage;
- Exciting and engaging reading material that covers all of the learning objectives;
- Easy-to-use assessment standards and activities;
- Interactive and fun student worksheets and activities;
- Content that allows students to work at their own pace and according to their own individual language ability;
- Colorful and inspiring artwork that aids in the students' reading comprehension.

The authors of the series are Ms. Jennifer Sun (Canada), Mr. Alex Shirran (Canada) and Dr. Bai Lian (China). The editor of this series is Mr. Chang Zhidan. Reviewers are Mr. Wang Shiyou and Mr. Zheng Wangquan. Illustrations are by Jin Bao Art Workshop. Some ideas of the illustrations are provided by nine-year-old Kevin, Enmu Xing.

The PEP International Center for Chinese Language and Culture
May, 2008